다 잘못했습니다

최병준 아홉 번째 시집

다 잘못했습니다

촛불을 켭니다.
부끄러움이 보입니다.

촛불을 껐습니다.
잘못했습니다.

오늘은 벌판에 설 것입니다.
매운 바람 맞겠습니다.

한국문화사

■ 책 앞에

　선조님께, 부모님께, 아내에게, 자식들에게, 친지에게, 이웃에게, 사회에게, 모두에게 면목 없이 살고 있습니다.

　접대하시는, 경비하시는, 청소하시는 어르신들, 소외당하시면서도 피는 꽃잎들, 보이지 않는 슬픈 사람들을 살펴, 보듬는 몸의 눈이나 더욱 마음의 눈이 제겐 없습니다.

　언제나 생명, 미미한 생명 하나에라도 도움이 되는 삶을 생각하지만, 그저 막막하고 요원하기만 합니다.

ㅇ

"다 잘못했습니다"
군더더기가 필요 없습니다. 알몸뚱이 그대로 잘못했습니다.

"앞으로는 잘하겠습니다"
　이 역시 잘못하는 말이 아닐까 두렵습니다.

ㅇ

하늘, 별, 바람,
모두, 모두를 더럽히지 않고 살기를 나에게 한번 더 약속합니다.

새벽 4시에 쓰고 있습니다.

나 자신이 부끄러워 몰래 일어나 몰래 쓰고 있습니다.

　　　　　　　　　　　　　　　　　　　　　2024년 초여름

■ 차 례

■ 책 앞에 / 5

제1부 동백꽃에 부치다

너와 나 ································· 15
철학 ···································· 17
가을 하늘 ····························· 18
업보 ···································· 19
경계 ···································· 20
동백꽃에 부치다 ···················· 21
무제 ···································· 23
탄생 ···································· 24
사실 ···································· 25
멍 때리기 ···························· 26
정밀(靜謐)한 기쁨 ·················· 28
면벽(面壁) ··························· 29

제2부 용서

용서 ·· 33
봄 환상곡 ·· 35
별들의 합창 ·· 38
한밤에 ··· 40
이상한 가역반응 ··· 42
위대한 발견 ·· 44
계절 변주 ·· 46
영혼이 맑은 친구 ·· 47
꿈 ··· 49
후회 ··· 51
묵시록 ··· 53
이런 세상 ·· 55
은혜의 나라인데 ··· 57

제3부 길에 대한 단상

참 헤아리기 어려운 산술(算術) ····················· 61
새해, 이 아침에 ································ 63
30여 초(秒)의 아주 긴 시간 ······················ 64
국민이라는 말 ·································· 67
그이 그 사람, 아부지 ···························· 69
전설(傳說) ····································· 72
봉순이의 자전적(自傳的) 이야기 ··················· 74
어떻게 될테죠 ·································· 76
고향별곡 ······································· 78
눈이 오는 날엔 ································· 80
그 많던 아이들 다 어디 갔을까 ··················· 83
틈새 예찬 ······································ 86
길에 대한 단상 ································· 89

제4부 다 잘못했습니다

다 잘못했습니다 ·· 93
무거운 날 ··· 95
가난한 사람 ·· 97
미운 당신 ··· 99
거짓말 같은 참말 ··· 101
모자랐다 ··· 104
착시(錯視)인가 환영(幻影)인가 ······················ 106
꿈 이야기 ··· 109
이건 아닌데 ·· 111
가정방문 ··· 113
그래서, 그래도 ·· 115
헛방이다 ··· 117
라면 목사님 ·· 119

제5부 어찌해야

순리 ·· 123
사랑이란 말 ······································ 124
일기 ·· 126
어찌해야 ·· 128
병(病)에게 ·· 129
새싹이 하는 말 ·································· 131
꽃에게 ·· 133
절규 ·· 136
조화(造花)인데 생화(生花)가 되다 ············ 138
가슴과 가슴 ······································ 140
이런 통화 ··· 142
편지를 쓴다 ······································ 144

■ 책 뒤에 / 147

제1부
동백꽃에 부치다

너와 나
철학
가을 하늘
업보
경계
동백꽃에 부치다
무제
탄생
사설
멍 때리기
정밀(靜謐)한 기쁨
면벽(面壁)

너와 나

넌
언제나

나의
먼 그리움이다.

외로운
기다림

넌 나의
따뜻한 사랑이다.

행복하고
즐거운 사람이다.

언제나
난 네게

뜨겁게

기다리는 사람

영원한 사랑으로
남을 수 있을까

눈물 나도록
보고싶은 네게

짧으나
긴 꽃잎 편지

사랑으로
바칠 수 있을까

상큼한 몸으로 닿을 수 있을까

철학

온 우주가
깜깜할대로 깜깜해야

하늘의 별
밝고 맑게

더욱
빛나는 것을

가을 하늘

눈이 부시게
 푸르른 날이다.

"바람이 하늘이
 참 예쁘다" 는 말

절창이제.

업보

죄는 지은대로 가고
덕은 닦은대로 가고

난 나대로 가는데
업보는 업보대로 쌓일 거다.

경계

소실점(消失點) 이전에
말 좀 줄였으면

검정 고무신
부산하다.

　　　　　　　　ㅇ

소실점 이후엔
침묵

선(禪)에 들고

흰 고무신
미동도 없이

조용히
외출중이다.

동백꽃에 부치다

봉오리 벙글다.

그리움 찬찬히
걸어와
소곤거린다.

소녀
볼이
발그레하다.

바람 잔잔
볕 따스하고

선홍의 꽃
파란 하늘에 꽉 차

여인
가슴 풀어헤친다.
>

하나도
안 남고

떨어질 꽃잎
멀어질 인연

사연, 하 많은
질퍽한 사연에

그녀는
낙화로 풀썩 앉아

하혈을 한다.

"이럴려면 멀리, 빨리 가세요"
슬픈 낙서.

낙화.

무제

죽어야지 죽어야지
자주 하는 말

본심은
살아야지 살아야지
어떻게든

이 어처구니 없는
하나의 변주

이율배반인가

탄생

꽃은 게 있고
난 예 있고

마주 보고

넌 내게로
난 네게로

한몸이 되고

우주가 생성되는 거
순간

생명이
환하게 피어나고

장끼 울음소리가 크게 났고

탄생의 희열

사실

귀가
빠알간 걸 보니

부끄러운 일
있는 모양이군

"그건
괜찮혀

양심이 있다는
징표닝께"

멍 때리기

장작불 앞에 앉았다.

너울대는 불꽃 저 너머
까만 한 점

작게 크게
멀리 가까이
멈춘다.

굴곡진 지나온 길, 지운다.
짜디짠 지금의 길, 잊는다.
다가올 미지의 길, 멈춘다.

공간, 무의미하다.

시간, 공간 끊으면서
착 가라앉는다.

적멸의 절벽인가
＞

다 잘못했습니다

사위어가는 불빛에
구수하고 텁텁한 옛 책방이 생각이 나긴 했다.

멍 때리기가 얼마나 지속돼야 온전한 나를 찾을 수 있을까

타다 남은 재
고무신에 땀이 고이도록
한참 덮었다.

정밀(靜謐)한 기쁨

산의 입김을 본다
산의 숨소리를 듣는다

산에 든다
품에 안긴다

조용하다.

다 잘못했습니다

면벽(面壁)

눈 감아야
다 보인다.

볼 것만 보게 된다.

귀 닫아야
다 듣는다.

들을 것만 듣게 된다.

삼천세게
풍경으로 흐르는 밤

면벽구년(面壁九年)
놓친 진리

이마에
앉았다 간다.

제2부
용 서

용서
봄 환상곡
별들의 합창
한밤에
이상한 가역반응
위대한 발견
계절변주
영혼이 맑은 친구
꿈
후회
묵시록
이런 세상
은혜의 나라인데

용서

사랑했던
미워했던

사랑한
미워한

사랑할
미워할

과거 현재 미래
손잡고
둥글게

한 마당에서
둘레둘레

화합의 마당
솟대 높게 올리면
〉

숨결
여유롭게

원융(圓融)의 화음
천리를 가고

먼 바다
바다를 그린다.

봄 환상곡

종다리
푸른 하늘
유쾌히 난다.

지지배배
지저귀며
꽃씨를 뿌린다.

새싹이며 잎, 꽃들

민들레 애기똥풀
개나리 진달래 철쭉 영산홍
벚 라일락 목련 그리고

빨강 노랑 주황 하양으로
다투어 수런대다
화합, 대화합의 향연, 개화(開花)

꽃에서 꽃, 꽃으로 꽃 꽃

생명의 황홀함

보시기에 심히 좋은 세상이 된다.

눈으로 보는 향기
귀로 듣는 향기
코로 맡는 향기
잎으로 먹는 향기

보이지 않는 향기는

가슴
가쁜 가슴
끝내
숨
멎게 한다.

웅덩이 풀새
방구아재는

물속에서 하늘
열심히 품는다.

이 봄
>

다 잘못했습니다

냉이 씀바귀 달래
조물조물 무치는

싱그러운 미나리
아삭하게 데치는

아낙 예쁜 손

가는 봄
크게 버무린다.

절절한 사랑의 마음

별들의 합창

황홀, 현란의 별

빨강 파랑 노랑
서로
명멸, 환희

그리움의 빛.

고혹(蠱惑), 원근의 별

혼자 둘이 셋이
무리지어
수다, 맑은 물결

외로움의 빛.

깜깜한 밤

사랑 이별 만남

삶
그들만의 노래

기다림의 빛.

영혼의 노래
은하
은하로 넘치고

터지는 화음의 궁전
천상에서

우주
우주로 넘친다.

한밤에

추석에 기름기 자르르 흐르는 송편을
늦가을 김이 모락모락 나는 떡을
나눌 땐

이웃이 있었지
환하게 주고 받는
푸근한 정이 있었지

사람 냄새가
살맛 났지

얼마 전까지 일이지.

근자, 이런 풍경 드물어

뜨악해하고
마지못해하고
거절하고
>

다 잘못했습니다

벽이여
문이 없어

정이 말라 풀풀
먼지만

사람이 안 보여

이 모두가 괴롭지
물론 나부터 반성하고 있지
통렬히

이상한 가역반응

엄마 품에 안긴 아가
볼 때마다

어이구 내 새끼
이쁘기두 해라.

지나가는 아가
볼 때마다

어이구 내 새끼
잘두 생겼다, 대장이네 대장

"보기에 별로인데"

환하게 웃고 있는
엄마와 할머니

할머닌 참 이상한 힘이 있나보다.
>

다 잘못했습니다

모두를 끌어안는
할머니 치마폭엔

하늘도 숨어있나

위대한 발견

법정이다.

재판장은 사형을 선고, 엄숙하게
피고는 피식 웃었다.

방청석 어머닌 졸고 있었고.

"1974년 민청학련 사건 때 재판
한 폭의 명화"

울고 싶은 진실이
살아서 살아서

피식 웃는 뒤안
저 깊은 속내가

무한의 바다에서
위대한 역사를
예언하고 있는 게
>

아닌가
활화산 같은 정의를, 영원한 자유를

피식 웃은 사람은 전 국회 사무총장

계절 변주

봄·여름·가을·겨울

봄에서 여름에서 가을에서 겨울로, 다시 봄으로
따듯하고 덥고 서늘하고 춥고, 다시 따듯하고
개나리 봉숭아 국화 동백, 다시 개나리

트고 자라고 맺고 숨쉬고, 다시 트고 뿌리고 가꾸고 추수하고 갈무리, 다시, 뿌리고

아침 점심 저녁 밤, 다시 아침
나고 자라고 늙고 죽고 다시 나고

순환의 고리
이 영원의 변주

생명의 신비
이 자연의 섭리

환희, 울고 싶은 비의

영혼이 맑은 친구

책 몇 장 읽다 피곤하여
소풍에 나선 그는

푸른 하늘 우러르다가, 나무들의 대화에 귀 기울이다가, 물가 잔물결에 노래 얹어보다가, 옛 애인도 가끔 생각하다가

말 없이
소임을 다하는 자연에
경외하고

진세(塵世)를 입어 본
그는

기뻐서 즐겁다가, 슬퍼서 울다가, 사랑해서 아프다가

어제인 듯
표표히
가볍게 날리고
>

이승의 숙제 어느새
깔끔하게 다한
그는

바람에 머리 빗고
개운한 마음으로
먼저 간 친구, 저기

자유로이
저승도
드나든다.

영혼이 맑은 친구에겐
이승과 저승이

유영(遊泳)의 큰 바다다.

꿈

꿈인데 생시다.

하나님의 사랑은
어떤 색깔일까

하나님의 가슴에선
무슨 소리가 날까

하나님의 그 거룩한 말씀
어디서 오나

하나님 앞에서 어리광을 부렸다.
재롱도 떨고

하나님과 마주 보고
있는대로 길게 누워

하나님 팔을 베고
자장가 속에서 아주 편히
>

마구간의 예수, 어부가 된 사연, 골고다의 역사, 부활, 생명의 이야기를 들으면서
곤한 잠 이루었다. 푹 잤나보다.

멀리
섬김이 보이고
겸손을 생각하게 되고

참사랑의 의미가
희미하게 보이기 시작했다.

○

하나님하고 거리는
역시 멀다. 깨어보니

늘 하나님은 하늘에 계셨다.

다 잘못했습니다

후회

내 딴에 정성을 다해서 딸을 시집 보냈다.
시댁(媤宅)에서 냉대를 받고 있다는 말
풍문으로 들었다.

마음이
마음이 영

얼마 후에, 눈물이 났다.

내 딴엔 정성을 다해서 시집(詩集)을 보냈다.
받은 이 한테서 서너 달 후
"책을 뒤적이다 봤다"는 말, 전화로 해왔다.

마음이
마음이 영

"서너 달, 뒤적이다 봤다"라는 말이
목에 가시처럼 걸렸다.
>

괜히 보내가지고

얼마 후에 "할 수 없지"
푸르게 하늘 우러르고

분발을 생각했다.
난 나대로 가는 거
후회는 아직

다 잘못했습니다

묵시록

젊어 보았기에
너희들을
좀 알지.

늙어갈 수 밖에 없기에
그 때
너희들은 알테지.

젊음
풋풋함
뜨거움

감사할 일이지만

잘 걷고
잘 자고
숨 잘 쉬는 거

되게

감사한 일이지.

젊음, 노력으로 얻은 상 아니듯
늙음, 잘못으로 받는 벌이 아니지

가고 오고
오고 가고

순리가 아닌가

오늘은
까만 하늘에
별이 유난히 빛나는 걸

보았지. 슬프게

내일 또
별 하나 또
줄 거여

그게 일상
아름다운 순리지.

이런 세상

내가 네가 되고, 네가 내가 되고
내 편이 네 편이 되고, 네 편이 내 편이 되고

우리가 되고
모두가 되고

찰랑이는 은빛 물결이 되고
불타오르는 금빛 사랑이 되고

싸움 없는 세상
원융상생이 되고

자연은 싸움 없고
잘 순행하고

편 없이도

꽃은 피어나고
숲은 어우러지고
>

두레가 있고
우리가 있고

널 위한
기도가 있고

은혜의 나라인데

"동해물과 백두산이 마르고 닳도록
 하느님이 보우하사 우리나라 만세"

은혜의 나라다.
참 좋은 나라다.

동해물이 흘러넘쳐 바다가 되도록
백두산이 더 높아져 우주를 덮도록

하느님이 보우하시니
우리나라 만세다.

은혜의 나라다.
참 좋은 나라다.

은혜의 나라다.
은혜의 나라인데.

은혜의나라인데은혜의나라인데은혜의나라인데

지금, 나라는

다 잘못했습니다

제3부
길에 대한 단상

참 헤아리기 어려운 산술(算術)
새해, 이 아침에
30여 초(秒)의 아주 긴 시간
국민이라는 말
그이 그 사람, 아부지
전설(傳說)
봉순이의 자전적(自傳的) 이야기
어떻게 될테죠
고향별곡
눈이 오는 날엔
그 많던 아이들 다 어디 갔을까
틈새 예찬
길에 대한 단상

참 헤아리기 어려운 산술(算術)

내가 있으려면 아버지와 어머니가 계셔야, 2 명이지, 1 대

아버지와 어머니가 있으려면 그 위에 할아버지와 할머니, 외할아버지와 외할머니가 계셔야, 4 명이지, 2 대, 조부모라고 하지

할아버지와 할머니, 외할아버지와 외할머니가 있으려면 그 위에 할아버지의 아버지와 어머니, 할머니의 아버지와 어머니, 외할아버지의 아버지와 어머니, 외할머니의 아버지와 어머니가 계셔야, 8명 이지, 3 대, 증조부모라고 하지

증조부모가 있으려면 할아버지 할머니가 8 명, 그 위에 할아버지 할머니 2 명씩 계셔야, 16 명이지, 4 대, 고조부모라고 하지

4 대 고조부까지만 기산(起算)해서라도

ㅇ

내몸, 100년 넘게 걸렸다.
열 여섯 분의 몸 받았다.

지울수 없는 존재

지워서는 안 되는 실존

귀하고 신비한 생명

○

하늘에
땅에
이웃에

부끄럽지 않은 삶
살아야 할
영원한 점.

○

난 나만의 존재로 가두어서는 아니 되는 우주란 말

효(孝)로 시작
인의예지(仁義禮智)

천리길을 가란 말이지.

별의 세계
품으란 말이지.

다 잘못했습니다

새해, 이 아침에

약간 비어 있는 삶이 좋겠습니다.
궁궐보다는 시어 몇 마디 건져 올리는 게 더 좋겠습니다.

이웃을 보듬는 마음이 샘솟기를 바랍니다.
맑은 하늘, 따뜻한 땅이 언제나 우릴 보살피고 있다는 사실을 잊지 않기를 바랍니다.

개혁, 개선, 개악에 혼동 없기를 바랍니다.
국민을 자기들 입맛대로 쓰지 않기를 바랍니다.
자식들 입에 곤한 일 없이 밥 들어 가는 거 보기를 바랍니다.
상대가 간절히 기댈 따스한 어깨, 든든한 어깨가 되도록 하겠습니다.
편을 가르지 않도록 하겠습니다.

언제나, 섬김 겸손 관용이 주머니마다 꽉 차게 될까.
언제나, 행할 수 있을까.

희생 배려 화합은 늘 먼 거리에 있습니다.
요새, 자주 눈물이 납니다.

30여 초(秒)의 아주 긴 시간

묵념

위대한 선열을 뵈옵는 시간
부끄러운 나를 만나는 시간

동학, 3·1, 해방, 6·25, 4·19
고비마다 역사의 맥이 출렁거릴 때

목숨
티끌로 생각한 임들
흑백의 영정(影幀)

"큰 바위 얼굴"로 다가온다.

오직 나라와 백성만이 전부
별빛처럼 빛나고

개인의 안위
한낱

다 잘못했습니다

지푸라기였다.

권력과 물욕 내려놓고
식구들을 저버리기까지

아픔은
뼈를 깎았고

할 수 없는 일
의연히 해낸 임들

역사의 의젓한
대인(大人)이었다.

주악 울리고
은은한 종소리
멀리 퍼질 때

영예로우신 영(靈)
물방울 물방울로
나비 나비 나비로
파란 하늘에

가득히 날고
>

제3부 길에 대한 단상

우리의 긴 역사가
30여 초(秒)
짧고 길게 어리비친다.

우뚝 솟은
뵈올 수 없는 얼굴들

묵념의 시간에

다 잘못했습니다

국민이라는 말

"국민" 이라는 말, 너무 함부로 쓰는 사람이 많습니다.
"국민이 원한다면"

국민의 눈높이에 맞게, 상향 조정해야 한다는 말이 있습니다. 이 말은 눈높이가 높게 있다는 말이고, 하향 조정해야 한다는 말은 눈높이가 낮게 있다는 말인데

눈높이는 가치판단의 일입니다. 생리적이기도 하구요.
이게 자의적 판단으로 악용되기가 쉽다는 말입니다.
눈높이를 가지고 놉니다.
"국민이 필요하다면"

하늘을 무서워하지 않는 게 어디 어제 오늘의 일이 아닙니다만

이제
하늘까지도 무시하는 세상이 되었습니다.
"국민에게 이익이 된다면"

하루라도 사람답게, 마음 편히 살려면

너무 함부로
편의적으로 부르는 말, 맘은 버려야죠.

"국민"을 하늘로 모셔야죠.
개운하게 잠을 청하려면

"국민"은 어느 편의 국민이 아닌, 우리 모두를 일컫는 말임을 명심해야 할 것입니다.

그이 그 사람, 아부지

구부정한 등만 보인다.
좀 어둑하다.

시원하게 울지도 못 했다.
그이는

아프고 괴롭고 억울하고 슬퍼도
속으로만 앓았다.
그 사람은

"하고 싶은 말 어떻게 다하고 사나
 착한 끝은 언제든 있는 법이다더라
 진 사람은 다리 뻗고 자지
 지는 게 이기는 거여"

꿀꺽
삼키며 사는 걸
법인 줄 알았고
>

내 고프면
네 부를 줄 알았는데

아니구먼

자식들에겐
바보로 투영되었다.

그이는
그 사람은
아부지는

인도(人道)만이 인도로 아는 순한 어른

"한 많은 이 세상 야속한 님아"
가슴이 뻥
뚫리도록

불러제치기라도

눈이 시원하도록
푸른 하늘
우러렀으면

"욕은 안 먹고 살았단다"

다 잘못했습니다

가난은 하였지만

일제, 광복, 6·25,
역사의 물줄기 앞에서
부끄럽지 않으려 했단다.
"대들진 못 했지만"

그이는 그 사람은, 아부지는

전설(傳說)

옛날이지
그때 먹었던 바나나 맛
얼마나 좋았던지, 지금도 여전히

옛날이지
그녀와의 헤어짐이
얼마나 서러웠던지, 여전히 지금도

모두가 눈 앞에 와 있다.

이 놀라움

과거는
잊혀지는 게 아니고
멀리 가는 게 아니고

새롭게 새록새록
새겨지고
>

다 잘못했습니다

움짓움짓
성큼성큼

현재로
다가오고 있다는 거를

현재 진행형이라는 거
퍽이나 뒤늦게 알았다.

위대한 발견인가

"과거는 기억 저쪽으로 숨는다던가 도망가는 게 아니고, 기억 이쪽으로 와서 언제나 현재로 밀물하고 있다는 거"

과거는 현재로
현재는 미래로
미래는 또 과거로

영원한 순환
편안한 순행

봉순이의 자전적(自傳的) 이야기

내 이름은 봉순이인데 누가 붙여주었는지 모른다.
나이는 토끼띠로 다른 토끼띠 아이들보다 키가 좀 작아서 놀림을 가끔 받은 기억이 있다.
태어난 곳은 잘 모르나 지금 살고 있는 데는 삼면이 산으로, 앞면은 살짝 트인 아늑한 작은 동네다.

안개가 자주 자욱히 끼는, 맑은 물이 졸졸 흐르는 곳에서, 난 소리 없이 커졌고 가끔 먼 산을 쳐다보는 버릇도 생겼다.

산허리에서 맴돌던 "엄나"라는 사람의 뜬 소문이 무잡(蕪雜)하게 마을로 내려앉은 후, 사람과 사람들, 나 아닌 딴 사람들이 눈에 들어왔다.

젖멍울이 생기기 시작했을 무렵부터 마음이 아주 복잡해졌다.

외로워서 그리워서 보고파서 서글퍼서 아쉬워서 서운해서 미워서가 노랗고 파랗게 가슴을 색칠해 갔다.

해, 달, 하늘, 별, 바람, 꽃, 나비, 강물, 억새, 샛강이 눈에 들어왔다.
＞

다 잘못했습니다

어느 해부터 가슴이 뻥 뚫린 장승, 아니면 허수아비인 "나"를 알게 되었다, 외로움도

저녁 어스름이 내릴 때면 참, 많이도 울었다. 산너머로 떠났다는 "엄니"가 떠오르곤 했다.

핏줄이었다. 끌렸다. 나를 키워준 아늑한 동네를 떠났다. 아픔이 컸다.

떠난 날, 이 날이 나 봉순이의 생일이 되었다.

이후, 모든 통로는 엄니에게로 향해져 있었다.

어떻게 될테죠

안절부절 노심초사
뒤에서 걱정
마음만 떨고 있는데도

그는

배고픔과 학비조달 허덕이면서도
어떻게 될테죠 뭐

꿈, 대학을 포기하면서도
어떻게 될테죠 뭐

월남전 죽음의 수렁에서도
어떻게 될테죠 뭐

빈손, 결혼하고 식솔 거두면서도
어떻게 되겠죠 뭐

만학에 목사안수 받던 날엔

다 잘못했습니다

어떻게 된거죠

시작인데요 뭐

그 말이 허망한 말이 아니고
당신의 섭리대로, 온몸으로 섬기겠다는

살아 있는 말
불같은 믿음이었다.

때가 낀, 젖은 생각만
가득한 세상에서도

언제나 행복한 소년

당신의 품속에서도
안개처럼 내리는 포근한 사랑에서도

멀리 더 멀리
더 큰 고난 그리고 있는가

고향별곡

고향에서 실향, 실향에서 타향, 타향에서 다시 고향
순환의 고리

원점이네

실향한 사람들
타향에서
고향 이야기

아름다운 거짓말에
눈물을 푸네

"너른 개천이 있다거나 우람하고 잘 생긴 산이 있다거나 정승을 배출한 곳이거나 삼성장군이 자란 곳이거나 매년 풍년이 든다거나 인정이 쌓이는 곳이거나 경치가, 경치가 그만이거나"

"소학교의 넓은 운동장을 자랑하거나 씨름엔 제일이었다거나 학예회 때의 자랑이거나 뭐니 뭐니해도 공부엔 으뜸이었고 퍽이나 잘 살았고"

>

다 잘못했습니다

고향을 잃고 사는 우리 모두는
그 속에서

아스라함을 느끼네
촉촉함을 만지네
그리움을 마시네

돌아가고 싶은 곳이네
돌아가야 할 곳이네

정든다고 고향이 되는 게 아니네
체념이네
고향이거니 하는 거네

서서히 식어가는 고향이지만
원 고향은 다시
제자리에 앉네

회한, 뜨거움은 언제나
속으로 흐르네

어머니
어머니 꿈속이네.

눈이 오는 날엔
- 신화가 생각나는 -

멀리서
무수한 까만 점들이
하얗게
포실포실 내립니다.

따듯한
겨울입니다.

이런 날엔 신단수(神壇樹) 아니면
광야에서
환희의 큰 향연

생명이 움트는 소리가
아아라히 들리고

웅혼한 환웅이 보이고
기원(祈願)의 화신
웅녀(熊女)도 보입니다.
>

다 잘못했습니다

별이 유난히 빛나는 밤
축복의 하얀 밤

환웅 총각과 처녀 웅녀의 신방(新房)도
이런 날이었을 겁니다.

알몸
뜨거운 감촉
깊은 희열

출생
단군(檀君)

사랑의 역사
위대한 인과(因果)를 생각합니다.

쑥과 마늘은
하얀 눈의 이불 덮고
숙면 중입니다.

눈이 오는 날
깊은 밤엔

먼 이야기가 가까이 와
하얗게 밝히기엔 퍽이나 좋습니다.
>

제3부 길에 대한 단상

죽은 역사가
생명의 얼이 돼
성큼성큼 다가옵니다.

다 잘못했습니다

그 많던 아이들 다 어디 갔을까

나라의 기둥이라고 불렀다.

골목에서도
학교에서도

농촌에서도
도시에서도

어린이들
뛰노는 소리

시끌벅적했었다.

꿈
새들의 합창이
하늘에 퍼지고

생기
해맑은 눈은
>

늘
떠오르는 해였었고

지금은
모두가 조용해졌다.

섬에 온 기분이
광야에 떨어진 마음이

이런 걸까

누나나 형, 언니나 오빠, 동생
동화 속 이야긴가

과꽃과 시집간 누나
뜸북새와 비단 구두, 오빠의 노랫말

그 생생한 기억은
먼 나라의 이야긴가

어린이, 희망, 꿈, 기둥, 나라

씩씩했던 어린이
그 많던 어린이
>

다 잘못했습니다

다시
불러내야

꼭
품에 안아야

펄펄
날개 해야

틈새 예찬

바위 틈새로 맑은 물이
발 틈새로 시원한 바람이
나무 틈새로 따뜻한 햇볕이

틈새가 있어 좋구먼

그러고 보니
틈새는 허점이 아니구먼
숨구멍
동양화의 여백같은 것인가

복실이가 틈을 보여야
복남이 놈이 범접(犯接)
흰둥이를 낳고

팔짱도 틈새가 있어야 끼고
내가 네 안에 들고
부부사이에도 틈새가 있어야
아기천사가 온다.
>

다 잘못했습니다

내게 틈새가 있어 네가
네게 틈새가 있어 내가
둥둥, 이웃이 생기고 우리가 어울리고

허락한다는 말
들어와 앉으라는 말이구나.

하늘과 땅의 틈새에
새가 집을 짓고
사람이 살고

천지에 미만(彌滿)한 네가 있어
관용과 포용
헐겁게, 헐겁게 잘 돌아간다.

시간의
공간의
마음의
틈새 있어

한밤중 별
아침 이슬

하느님 품에 들 수 있어.
>

사랑하고 싶다는 말은
사랑받고 싶다는 말은

긴장의 마음
또 다른 틈새가 아닌가

다 잘못했습니다

길에 대한 단상

꼭 가야할 길이 있습니다
아예, 가서는 안 될 길이 있습니다.

뉘가 정한 길이건 뉘가 갔던 길이건
버젓한 길

혼자 가는 길이건 많은 사람이 가는 길이건
바른 길

많은 사람이 간다고
다 옳은 길은 아니죠

부끄러운 길이 아니면 홀로라도
즐겁게 가야죠

원래가
길이 있는 건 아닙니다만
없는 길도 만들어야 된다지만
＞

길이 아니면
가지를 말라는 말도 있습니다.

바람이 붑니다.
상쾌합니다.

언제나
당당한 길, 당당하게

역사의 길을 생각합니다.
갈 길은 마음 안에 있습니다.

제4부
다 잘못했습니다

다 잘못했습니다
무거운 날
가난한 사람
미운 당신
거짓말 같은 참말
모자랐다
착시(錯視)인가 환영(幻影)인가
꿈 이야기
이건 아닌데
가정방문
그래서, 그래도
헛방이다
라면 목사님

다 잘못했습니다

지금까지 살면서 그 어떤 일도 제대로 한 게 거의 없습니다.
　　　　　　　　o
부모에게 효를, 조상에게 정성을 얼마나 올렸나
아내를 사랑하고 자식을 따듯하게 품은 적은 있었나
형제, 일가에게 관심은 있었나

친우에게 보내는 정 인색했고
이웃에게 먼저 인사 드린 일 희미하고

스승님을 공경하고, 제자를 다독이는 푸근한 나는 원래 없었나 보다.

혼란의 사회에서 정당한 데모에 한 번도 나서지 못했고,
더욱 국가에 헌신은 생각도 못했다.

진리에 먹감는다는 진리의 말은 나와 얼마나 먼 거리에 있었던가

조용히 글읽기, 열심히 글쓰기는 허망한 꿈이었고
몸과 마음을 닦는다는 말은 말로만 너풀댔다.
　　　　　　　　o
촛불을 켭니다.

부끄러움이 보입니다.

촛불을 껐습니다.
잘못했습니다.

오늘은 벌판에 설 것입니다.
매운 바람 맞겠습니다.

파란 하늘
죽도록 우러르겠습니다.

속죄를 생각합니다.

다 잘못했습니다

무거운 날

맑은 가을 하늘

펄럭이는 만국기
울려 퍼지던 응원가

무거웠다. 이 날

상을 타는 아이
"상"이라는 빨간 도장이 찍힌 공책 참 부러웠으나

거리가 멀었다. 아주

달리기
3 등 줄에 앉은 놈
슬그머니 억지로

밀어냈다.

상 타고

엄마에게 달려가
으스댔다.

차가웠다.

집에 오려 선생님께 인사
본체만체 얼굴이 좀

무서웠다.

잠이 오지 않고
식은땀에 멱감고
꿈에서도

시달렸다. 몹시
잠이고 뭐고
내일이 안 왔으면 좋겠다.

월요일, 결석했다.

다 잘못했습니다

가난한 사람

자식들 소풍갈 때
과자값 하나
쥐어주지 못한 죄

그 후로
그들은
지금까지
용돈 한 닢

말하지 않는다, 절대 없다.

아비는 이제
어쩌다
가난한 사람

영원히 낙인 찍혔고

서운함이란
지워지지 않는다는 걸 새겼고
>

아비는

참
허허롭다.

이게 아닌데

미운 당신

뇌동맥류를 수술할 때
휘둘리고,
미워하고 사랑하고

췌장에 암을 떼어낼 때
휘청하고,
미워하고 사랑하고

무릎에 인공관절을 심을 때
넘어지고,
미워하고 사랑하고

걸음걸이, 식사가 시원찮을 때
무척이나 속상하고,
미워하고 사랑하고

잠잘 때 헛소리나 잊어버리기가 잦을 때
눈물이 나고,
미워하고 사랑하고
>

미워하고 미워하고 미운 당신이라고 썼다가
아니
사랑하고 사랑하고 사랑하고 많이 사랑하는 당신이라고 썼습니다.

이만큼만해도 크게 속죄한 거 같습니다.

미워할 수 없는
사랑할 수밖에 없는 얼굴이 이 세상에 있다는 사실, 너무 늦게 알았습니다.

고이 간직합니다.
슬프도록 행복합니다.

거짓말 같은 참말

생김새나 언변, 재주나 지식, 학력이나 지혜
품격
재산이나 가풍

모두가 별로인데

다행, 천행으로
착한 사람 만나게 되어

연애, 결혼
가정 꾸리고

애들 교육
홀어머니 봉양

40여 년 탈 없이
정년도

모두가 짝의 덕인데

언제나
비켜서 있다.

꿈에도
꽃이나 가락지
고마움도

생각한 적 없었는데

팔십 훨씬 넘어 애기가 되어가니
그냥 자주 울게 되는 나

그 힘든 일
혼자 해낼 때

그 야속함
그 서운함

얼마나 쌓였을까
키를 넘었겠지

자꾸 숙이게 되고
고개 들어 하늘만 본다.

하는 말
미안합니다.

다 잘못했습니다

감사합니다.

눈물
바다가 됩니다.

모자랐다

기쁨이나 즐거움
어머님에게 드리는 거

그것만이
처음부터 끝까지
최상 효인 줄 알았다.

아니었다.

늘 젖어 있는
고달픔

늘 고여 있는
외로움

헤아리는 게
더 좋은 약이라는 걸

지금에야

이제서야 알았으니

착각이고
잘못이었다.

청상(靑孀)
밀어오는 아픔

어찌 다
이겨내셨을까

잴 수 없는 거리
너무 멀었다.

사라진 어머니만의 인생
하늘에서라도

오롯
살아나기를

착시(錯視)인가 환영(幻影)인가

허름한 구멍가게
먼지를 뽀얗게 뒤집어쓴 효자손
보는 순간

전율 같은 게 멀리서 왔다.
　　　　　　　ㅇ
반듯한 가르마 참하게 쪽 진 머리, 따리 위 물동이의 어머니가 보이고
36 살의 청상(靑孀)
땀에 전 후줄근한 매무새
주먹 같은 땀방울이 밭고랑 적시고

까맣게 탄 어머니의 얼굴이 보이고

평생, 옥양목 치마 저고리, 하얀 고무신이 보이다가 멀리 가을하늘에 몸을 떠시는 어머니
　　　　　　　ㅇ
오늘은 무덤에서 나오시더니
개망초와 인사를

다 잘못했습니다

이팝나무 밑에선 환하게 웃고 계신 어머니

뻐꾸기 울음따라
하늘하늘 하늘을 나신다.

한 마리의 나비, 나비나비나비

구멍가게엔
탕자(蕩子)의 손이
어릿거리는데

내일엔
효자손이 아니더라도
탕자의 손이라도 꼭 쥐고

엄니의 등에

부끄러운 손 손 손

우는 손
내 손을 본다.

대나무, 플라스틱의 효자손
피받아
뼈와 근육으로 되어진 탕자의 손

이 탕자의 손
착시인가, 환영인가 손 손 손

꿈 이야기

걸음을 잠시 멈추고 먼 하늘을 본다.
어젯밤 꿈이 생각난다.

오랜만이지
참말로
그렇게도 떠오시길 기다렸는데

봉인된 기억의 액자
벽화에서 걸어 나오시기가
70여 년이 좀 넘었다.

흰 옷 입으셨고
뭐라고 말씀하셨는데 들리지 않았다.
침묵의 목소리

벌써, 아주 옛날에
 아픔, 슬픔, 기쁨, 미움, 원망, 사랑 등 모두는 애증의 대상을 넘었다.
 >

제4부 다 잘못했습니다

과묵한 그분, 아부지

늘 먼 거리였는데
나타나셨다.

묘소가 어디 불편하신가
꿈속에서도 꿈이길 바라고, 허우적대기도 하고

근래
문안이 좀 뜸했던 일
무척이나 죄스러웠다.

피는
시간과 거리를 뛰어넘고

뒤척이다 깼다. 곧, 찾아뵐 거다.

다 잘못했습니다

이건 아닌데

조례시간

얼굴빛은 온화한가, 매무새는, 평정심은, 출석부를 끼고 교실에 들어선다.

고 3의 1 반 담임
오늘은 생명사랑을 말해야지, 며칠째 이어온 생각이다. 열심히 연구한

출석점호를 하다간 영식이 결석사유가 등록금이라는 걸 알고 어찌어찌하다 궤도이탈을 한 게 참 위대한 잘못이었다.

"등록금하고 출석하고 무슨 관계가 있나, 돈이 없다는 게 죄냐, 이겨야지, 남자 자식이 돼가지고 그렇게 연약해서야 어디다 쓰겠냐, 꼭 나오라고 해, 반장 알았지"

60여 명 학생들은 무겁게 머릴 박고 있었고, 억지로 조례는 끝났다. 모든 게 엉망이 되었다.
＞

차려 경례

허둥댔다
역사를 이어갈 생명들인데

궤변인가 폭언인가
사랑이 필요한 놈들인데

어쩌다 잘못 든 길인가
교무실까지 거리가 너무 멀었다.

어지럽다
어디서 어떻게 잘못되었나

숨구멍, 파란 하늘도
오늘은 숨었나 보다.

가난에 대한 증오가
안에서 끓고 있었나

다 잘못했습니다

가정방문

내키지 않는 가정방문 주간

"선생님, 우리집에는 아무도 없어요, 아버지 어머닌 저녁 늦게 들어오세요, 일 나가셨다가, 골목이에요, 너무 멀어요, 집이 아니라 천막이에요"

그래도 넌 반장인데.

바람에 펄럭이는
천막 귀퉁이를 잡은 손

조금 떨림을 보지 말았어야 했다.

"넌, 그래도 늦게나마 들어오실 사랑하고 자랑스러운 어머니 아버지가 계시지 않느냐, 훌륭한 가정이다. 당당해라, 그까짓 가난은 죄가 아니다. 이겨라, 그 또한 지나가리라"

늦게까지 통음했다.
5,60년대를 통곡했다.
>

가정방문

내가 날 방문했고
우울했다.

그 때
반장은
그 후 소식이 없다.

○

자괴감이 앞에
절벽으로 다가왔다.

얼마나 선문답을 하고 살아야 하나

다 잘못했습니다

그래서, 그래도

"생활이 너무 힘들어
학교를…"

그래서

"삶이 해결되지 않아
등록을 포기할 수 밖에 없습니다"

아니

"용서하여 주십시요"

어찌해야

"선생을 하려면 돈도 좀 있어야 돼"

 선임 교수의 말이 몸을 때렸고, 그 말씀이 진리도 된다는 것을 절감
　＞

빈 손
무기력 수렁에 빠지다.

그래도

자넨
언젠가는
큰 목탁이 될게야

이렇게
하늘에 빌어

"용서를 구하네"

몹시 춥다
오늘이
새 학기 개강 앞둔 말복이다.

다 잘못했습니다

헛방이다

강의실 밖은 여전 소란스럽다
80년대 학기는 대개가 이렇게 시작된다

수강인원은 30여 명인데
출석학생은 반밖에 안 된다.

자 시작하지
강의는 이렇게 일방적으로 진행된다.

시란, 시 아닌 거 모두 빼고 남는 게 시다
시는 손이나 재주로 쓰는 게 아니라 가슴으로 몸으로 쓰는 거다.
피로 쓰면 더 좋고
시는 지식이 아니고 지혜다, 생활자체다
시는 밥먹듯 자연스러워야 한다
시는 단체가 아니고 유파가 아니다.

시는 혼자 하는 거고 혼자 쓰는 거다

몇 날 며칠 밤새워가며 연구랍시고 한 내용

잘 모르는 말, 익지 않은 말
말장난만 하였다

이런 수업이 필요한가 유용한가
피곤하다

구차한 핑계, 대충 마무리가 아닌 마무리, 서둘러 강의실 도망치듯 나왔다

열이 오르고
목이 타고

헛방친 기분이
이런 거구나

"가꾸고 기르는 기쁨
교단을 향해 웃으며 간다"

꿈이다 헛꿈이 되었나 보다

---- " "는 교사의 보람에서----

라면 목사님

제자 한 명이 목회를 한다.

허름한 건물 2 층, 거실 하나보다 좀 작은 공간, 귀퉁이엔 널빤지로 식구들 살 방을 꾸렸다.

"창문교회"란 이름 언제나 살아 있고

개척교회 이후 40여 년
성도 고작 30여 명

하나님 은혜 강물처럼 흐르는 곳
모두가 즐겁고 아름답게 살길 원하고 있고

늘 빈손인데
참 당당하다.

대견한 마음, 감사한 마음 섞어
간단히 저녁 대접
>

"선생님 저 라면을 먹어야 식사한 거 같아요. 한그릇 먹을게요"

하루 세 끼 40여 년
식솔들도 입에 배고
라면이

귀가 왕왕거리는데
주먹만한 맑은 눈물이 떨어지는 건 무슨 이유인가

빈손 목사님
라면 목사님

오늘도 그는
당신에게, 십자가 당신에게
건강한 기도

"아무 것도 원하는 게 없는
감사만의 기도"

라면 먹으면서
슬프게도 기쁜

제5부
어찌해야

순리
사랑이란 말
일기
어찌해야
병(病)에게
새싹이 하는 말
꽃에게
절규
조화(造花)인데 생화(生花)가 되다
가슴과 가슴
이런 통화
편지를 쓴다

순리

꽃이 왜 이쁜지
니가 알아

꽃이 왜 지는지
니가 알아

꽃을 볼 때는
목욕재계 후

꽃을 말할 때는
품격을 갖춘 후

모든 게 순서가 있어
넌 자격이 없어

고파봐야 아파봐야
이치를 알지

사랑이란 말

참 귀한 말
딱 한번만 할 말인데

아무 때나
아무 곳에서나
아무에게나

아무 생각없이

함부로
마구 써대서

누더기가 되고
덕지덕지 때가

사랑아, 어찌해야

빨래를 해야지
구정물 빼내고

다 잘못했습니다

맑은 물에 헹구고

탁탁 털어
빨랫줄 바람결에 널면

마전이 될까

　　　　　○

으스러지도록
하얗게 바래진
옥양목

한 장의 손수건
영원을 생각하며 고이 접는다.

언젠가는
가난도 축복으로 여기며

파란 하늘아, 빛나는 별아, 고운 아가야
사랑아

눈물아! 맑은

일기

자꾸 비워야지
흘깃흘깃 말고

더 비워야지
퉁명스런 말 버리고

가벼워져야지

예쁜 새 되어
자유롭게

고운 눈웃음
먼저 나누고

부드러운 말
"안녕하세요"

먼저 건네면
>

다 잘못했습니다

바람 맛있고
하늘 맑고
햇볕 따스할텐데

먼 훗날 애긴가

제5부 어찌해야

어째해야

먼 거린가

찰랑찰랑한 그리움
쫀득쫀득한 사랑
탱글탱글한 믿음

마음, 이 마음
이슬이 스러지기 전 드려야

사람은 보여도
마음은 내보일 수가 없으니

안타까움
하늘 가득하다.

그대 그리고 나
사이

얼마나 먼가

병(病)에게

위 아래
촌수 따지기가 복잡하니
친구합시다.

근자에 뿌루퉁하거나 볼멘소리, 토라지는 경우가 많은 걸 보니 나에 대한 불만이 꽤 많은 것 같소

하긴
정신없이
바보 같이

멍하니 살다보니

친구에 대한 대접, 관심이나 배려가 극히 소홀했음을 솔직히 인정하오.

미안하오.
바꾸겠소.
고치겠소.
>

그리할테니 전처럼 "우리"가 돼서 서로 아꼈으면 하오.

밥 잘 먹고
적당히 아프고

공생(共生), 어떻소
자, 나들이 같이 합시다.

빛나는 별
맑은 바람

우리의 큰 복이잖소.

새싹이 하는 말

한구석 밀쳐둔 화분에서
아무도
모르게 새싹이 텄다.

싹이 자라
잎이 피고
머잖아

꽃이 필테지

햇볕과 바람과 물과
얼마나
조화롭고 고된 작업
헤쳐 나갈까

욕심
혼자 당할 마음 있어
창가로 옮겼는데
>

"저는요, 꽃을 피워
예쁜 모양
맛있는 향내
온 사람들에게 전할 거에요.

즐겁게 화평하게 할 거에요"

새싹이 말하더라.

도둑질하다 들킨 마음이 이런 건가

하늘이 부끄러워
하루를 허송했다.

꽃에게

잊었다
"이뻐요" 하기 전

잊었었다
"고생했어요
 고마워요" 할 걸

하나의 꽃씨
싹트고
햇볕 받고

물 끌어올리고
바람에 세수하고

잎 피우고
봉오리 짓고
무척이나 땀 흘려

뼈아프게

애써

환히
웃고 있는 거

어쩜
그렇게도

잊었었을까

이제
진심으로
옷깃 여미며

뜨거운 가슴
열어

"고생했어요
　고마워요

　참
이뻐요

　아름다워요"
＞

내 먼저
살그머니
다가 가야지

여전히
말없이
사랑스럽게

손 주는 꽃

절규

아파도
고파도
슬퍼도
기뻐도

옴짝달싹도
막다른 골목에서도

부를 수 있는
이름

"엄니"

가장, 자주
속으로만 삼킨다.

행복해지는
행복한 이름
>

세상에서 제일 위대한, 슬픈
이름

"엄마"

조화(造花)인데 생화(生花)가 되다

누나의 별명 "원추리"

가신 누나가 생각 나
좋아하던 원추리, 조화 두 대
육천 원에 사, 서가에 놓았다.

물, 볕, 바람
성심껏 공양했고

드다들 때마다 눈인사
"다녀오겠습니다, 다녀왔습니다" 정 어린 말도
잊지 않았고

살며시 잎을 만져보고
입술을 대보고

사랑스러워 했다

몇 날을 계속했는가

다 잘못했습니다

몇 달을 계속했는가

한몸이 되었다.

어느 날 꽃봉오리가 벙글고
말을 하더라.

"산에 가야지, 엄니가 계신 산에, 서둘러라 어서"

이미 늦었나 보다.

가슴과 가슴

공사장에서의 일
참 많이 힘들지

"어떻게 밥이나
제대로 먹고 다니는 거냐"

억지로 되는 일은 없다.

아끼는 게 좋긴 하지만
건강 생각해서라도

 "꼭, 밥만은
 재대로 챙겨야 한다"

농사에 바쁘셔 늘
해를 더 길게 늘이고 계신데

"진지는
어떻게 잡숫기나 하세요"
>

다 잘못했습니다

쪼금만 더
기다리세요

소일거리로만...
저희를 위해서라도

"꼭, 끼니만은
거르시지 마세요"

천리를 지척으로 만든
밥의 별곡

두 몸이 하나가 되는
투박한 소리

멀리서 가깝게
들려온다.

이런 통화

친구에게서 전화가 왔다.
오랜만이다.

"어떻게 지내, 잘 있지, 건강은 어때, 무얼로 소일해, 친구들 소식은 좀 들어, 그 친구 입원했대, 그 친구는 죽었어, 건강해야 돼, 좀 만나, 그럼 다음에 또 전화할게."

" 그냥 그렁저렁 지내지, 건강 그렇지 뭐 그게 마음대로 되나, 이럭저럭이지, 소식 가끔씩 들어, 고생하겠네, 병원에 오래 있더니 갔구먼, 그런 대로 살다 가는 거지, 만나야지 전화 줘, 고마워."

통화가 끊어지고
조용하다

친구가
자기 정리를 하는 모양인데
희미하다.

난, 누구와 통화했나

다 잘못했습니다

무슨 말을 주고 받았나

되살리기가 힘들다.
먼 기억이다.

사는 게 이런 건가
참

편지를 쓴다

새벽
매무새 정제하고
자유로운 너에게

편지를 쓴다.

떠난 지가 2년이, 벌써
바르고 착하게 깔끔히 살았으니
편하게 갔다고들 말했다.

아픔 없이 가는 죽음
그 어디 있겠느냐만서도
난 확신하고 있지.

정말, 우린 너무 끈끈했나

떨어지면 살 수 없다고
허나 이렇게 살고 있으니
>

다 잘못했습니다

언제나 있고 언제나 없는
어디에나 있고 어디에도 없는

너

우린, 밤중에 매일 만난다.
만나서
늘, 눈으로만 말한다.
긴 시간, 많은 이야기

잘 있느냐고

여긴, 너를
목숨보다 귀하게, 사랑하는 아내
위하고 받드는 자식들
사랑하는 친구들

다 잘 있다고
뚝 잘라 말하곤 한다.

많은 약속들
다 지킨 너
난 하나도, 하나도

네가 간 후

밤중 같은 사람이 된 나
바보가 되었다.

밝아오나보다

자유로운 너
얽혀 있는 나

내일, 또

주소 없는 편지 하늘에 부칠거다.

■ 책 뒤에

"넋두리"라는 핀잔, "아무짝에도 쓸모가 없는 시집을 왜 또 냈어"라는 말, 몹시 무섭습니다.
딴에는 나를 지키기 위한, 자꾸 작아지는 나를 추스르기 위한 안간힘인데

○

인사를 나누다가 직업이 "시인"이라고 당당히 말한 사람을 "큰 바위 얼굴" 우러르듯 올려다 본적이 있습니다. 참 당당한, 상쾌하기까지 했습니다.

울지 못하는 바위와 환하게 터지는 석류가 오락가락 했습니다.

○

영원히 죽지 않는 대상 딱 하나가 있습니다.
"엄니", 부끄러움을 일러주신 엄니.
엄니를 찾아가는 도정이 시를 쓰는 이유라 언제나 말합니다. 아니 그렇게 말하고 싶습니다.

○

뜨끈한 국물에 속을 풀겠습니다. 시를 풀겠습니다.

2024년 초여름

다 잘못했습니다
최병준 아홉 번째 시집

1판 1쇄 발행 2024년 9월 9일

지 은 이 | 최병준
펴 낸 이 | 김진수
펴 낸 곳 | 한국문화사
등   록 | 제1994-9호
주   소 | 서울시 성동구 아차산로49, 404호(성수동1가, 서울숲코오롱디지털타워3차)
전   화 | 02-464-7708
팩   스 | 02-499-0846
이 메 일 | hkm7708@daum.net
홈페이지 | http://hph.co.kr

ISBN 979-11-6919-243-9 03810

· 이 책의 내용은 저작권법에 따라 보호받고 있습니다.
· 잘못된 책은 구매처에서 바꾸어 드립니다.
· 책값은 뒤표지에 있습니다.